Novena

VIRGEN DE GUADALUPE

Por Laila Pita

CORAZÓN
RENOVADO

UN POCO DE HISTORIA

La Virgen de Guadalupe es una de las advocaciones de la Virgen María, se dice que un sábado 12 de diciembre de 1531, hizo su primera aparición ante el mexica Juan Diego Cuauhtlatoatzin, ya converso a la religión, para solicitarle la edificación de un templo en ese lugar, le pidió fuera en busca del obispo y le diera el recado. Esto sucedió en el cerro Tepeyac. Juan Diego vio crecer rosas en un matorral, cosa que no era posible porque era invierno y la zona árida y no apta para el crecimiento de rosales. Solicitó audiencia con Fray Juan de Zumárraga para darle la información de la Virgen, pero este no le creyó y le pidió llevar una muestra de las rosas que dijo ver en el cerro. El indio regresó y guardó varias flores en su ayate para mostrar al obispo, al extender el ayate se quedaron asombrados al ver que además de las rosas, la imagen de la Virgen estaba plasmada en la tela. El nombre de la Virgen fue puesto por los españoles, relacionándola con la Virgen de Guadalupe Extremeña.

MILAGRO

En 1531 en la ermita del Tepeyac, rebozada de gente por la procesión solemne, que se organizó para trasladar a la imagen, una vez que se terminó su construcción. Los indios iban vestidos con vistosos atuendos, arcos y flechas, para celebrarla, uno de los arqueros, por hacer alarde de su habilidad, disparó una flecha clavándose en la garganta de uno de los peregrinos, muriendo inmediatamente. Lo llevaron ante la Virgen y le sacaron la flecha, el hombre resucitó y además sanaron las heridas en el mismo instante.

4

ORACIÓN DIARIA

Virgen de Guadalupe son tus rosas el milagro que entregaste, por medio de Juan Diego te mostraste. Desde entonces te adoramos. Virgen Santa tómame de las manos, para recibir con amor lo que me enseñaste. Protégeme para que mi vida no malgaste. Ayúdame a lograr los proyectos de hoy y mañana. Que todo lo que emprenda sea bueno y limpiar lo que su transparencia empaña. Santísima Madre a salvar mi vida llegaste, mi corazón te ganaste. Virgen Santa mi espíritu sana. Por tan bella Dama que toque la campana.

5

HAGA SU PETICIÓN

Aquí estoy hincado a tus pies. Con la luz de tus quinqués que no tienen comparación alumbra a este humilde feligrés que viene a hacerte esta petición.

Te ruego con todo mi corazón me concedas... (Se hace la petición)

Esto es un asunto de interés te suplico tu atención me des. Concédeme lo que te pido en esta ocasión y con tu divina protección me ayudes, para que seas tú siempre mi salvación.

Padre Nuestro, que estás en el cielo, santificado sea tu nombre; venga a nosotros tu reino; hágase tu voluntad, en la tierra como en el cielo. Danos hoy nuestro pan de cada día; perdona nuestras ofensas, como también nosotros

6

perdonamos a los que nos ofenden; no nos dejes caer en la tentación, y líbranos del mal. Amén.

Dios te salve, María, llena eres de gracia, el Señor es contigo. Bendita tú eres entre todas las mujeres, y bendito es el fruto de tu vientre: Jesús. Santa María, Madre de Dios, ruega por nosotros, pecadores, ahora y en la hora de nuestra muerte. Amén.

Gloria al Padre, al Hijo y al Espíritu Santo. Como era en el principio, ahora y siempre, por los siglos de los siglos. Amén.

DÍA PRIMERO

Virgen bendita, Madre de Nuestro Señor Jesucristo a tus hijos amas, luz vivificante derramas. Bendice a la nueva madre y a su futuro niño. Protégelos con tu cariño. Amorosa Señora dales la felicidad y la paz que proclamas. Santa Señora que tendiste pañales en las ramas, dales lo necesario para que no les falte nada, el bebé abra los ojos a bellos panoramas. Permite que la mujer de buen alimento al infante que mama abrazado a su corpiño. Con amor el chiquillo te hace un guiño.

Padre Nuestro, que estás en el cielo, santificado sea tu nombre; venga a nosotros tu reino; hágase tu voluntad, en la tierra como en el cielo. Danos hoy nuestro pan de cada día; perdona nuestras ofensas, como también nosotros perdonamos a los que nos

ofenden; no nos dejes caer en la tentación, y líbranos del mal. Amén.

Dios te salve, María, llena eres de gracia, el Señor es contigo. Bendita tú eres entre todas las mujeres, y bendito es el fruto de tu vientre: Jesús. Santa María, Madre de Dios, ruega por nosotros, pecadores, ahora y en la hora de nuestra muerte. Amén.

Gloria al Padre, al Hijo y al Espíritu Santo. Como era en el principio, ahora y siempre, por los siglos de los siglos. Amén.

DÍA SEGUNDO

Gloria a ti Virgen de Guadalupe, vengo a entregarte esta novena, con amor el alma llena. Concédeme Madre una gracia, que mis negocios maneje con eficacia, para que se mantengan prósperos dame la audacia. Vuelve ligera y tranquila la faena. Virgen inmaculada tú que eres tan buena. Todo lo que tengo enséñame a compartir con democracia y tratar a todos con diplomacia. Eres Bendita entre todas las mujeres, dulce como la miel de colmena. Que nada me falte mantén llena mi alacena, blanca Azucena.

Padre Nuestro, que estás en el cielo, santificado sea tu nombre; venga a nosotros tu reino; hágase tu voluntad, en la tierra como en el cielo. Danos hoy nuestro pan de cada día; perdona nuestras ofensas,

10

como también nosotros perdonamos a los que nos ofenden; no nos dejes caer en la tentación, y líbranos del mal. Amén.

Dios te salve, María, llena eres de gracia, el Señor es contigo. Bendita tú eres entre todas las mujeres, y bendito es el fruto de tu vientre: Jesús. Santa María, Madre de Dios, ruega por nosotros, pecadores, ahora y en la hora de nuestra muerte. Amén.

Gloria al Padre, al Hijo y al Espíritu Santo. Como era en el principio, ahora y siempre, por los siglos de los siglos. Amén.

DÍA TERCERO

Eres Señora la más erudita, entre las Reinas la más bendita. Hoy te vengo a rogar por todo aquel que desea aprender, ayúdalos para que tu sabiduría, puedan comprender. Dales entendimiento para que se vuelvan sabios, por medio de la palabra escrita. Da claridad a su mente con tu luz infinita. Que todo lo que aprendan en un futuro les dé de comer. Consiente que sus estudios logren florecer, que comiencen a ver frutos desde ahorita. Bendícelos siempre Señora bonita, caritativa e inteligente Mujer.

Padre Nuestro, que estás en el cielo, santificado sea tu nombre; venga a nosotros tu reino; hágase tu voluntad, en la tierra como en el cielo. Danos hoy nuestro pan de cada día; perdona nuestras ofensas, como también nosotros

12

perdonamos a los que nos ofenden; no nos dejes caer en la tentación, y líbranos del mal. Amén.

Dios te salve, María, llena eres de gracia, el Señor es contigo. Bendita tú eres entre todas las mujeres, y bendito es el fruto de tu vientre: Jesús. Santa María, Madre de Dios, ruega por nosotros, pecadores, ahora y en la hora de nuestra muerte. Amén.

Gloria al Padre, al Hijo y al Espíritu Santo. Como era en el principio, ahora y siempre, por los siglos de los siglos. Amén.

DÍA CUARTO

Virgen del Tepeyac a tus pies vengo a rezar esta novena que te quiero ofrendar. Enaltecida Señora déjame estar a tu lado, porque tu belleza y bondad he mirado. Te pido que lo que no ha de ser me des la entereza para el circulo cerrar y una nueva historia comenzar. Concédeme que el pasado en mi quede olvidado y en el presente sepa manejar las cosas con cuidado. Dame un comienzo hermoso que me permita volver a soñar. Con un mundo maravilloso que solo tú puedes dar.

Padre Nuestro, que estás en el cielo, santificado sea tu nombre; venga a nosotros tu reino; hágase tu voluntad, en la tierra como en el cielo. Danos hoy nuestro pan de cada día; perdona nuestras ofensas, como también nosotros perdonamos a los que nos

ofenden; no nos dejes caer en la tentación, y líbranos del mal. Amén.

Dios te salve, María, llena eres de gracia, el Señor es contigo. Bendita tú eres entre todas las mujeres, y bendito es el fruto de tu vientre: Jesús. Santa María, Madre de Dios, ruega por nosotros, pecadores, ahora y en la hora de nuestra muerte. Amén.

Gloria al Padre, al Hijo y al Espíritu Santo. Como era en el principio, ahora y siempre, por los siglos de los siglos. Amén.

DÍA QUINTO

Inmaculada Virgen de Guadalupe yo te busco en esta ocasión, para mejorar mi persona me des constancia y visión. Quiero ser cada día mejor y para eso necesito de instrucción superior. Es por eso que vengo ante ti con esta conversación, para que me des firmeza cuando tome una decisión. Haz que mi aura brille a todo mi alrededor, con destellos de paz y amor. Concédeme que se sienta satisfecho mi corazón, rebosante de emoción. Con tus rosas perfumadas estar de buen humor, hermoso botón en flor.

Padre Nuestro, que estás en el cielo, santificado sea tu nombre; venga a nosotros tu reino; hágase tu voluntad, en la tierra como en el cielo. Danos hoy nuestro pan de cada día; perdona nuestras ofensas, como también nosotros

perdonamos a los que nos
ofenden; no nos dejes caer
en la tentación, y líbranos
del mal. Amén.

Dios te salve, María, llena eres de gracia, el
Señor es contigo. Bendita
tú eres entre todas las mujeres, y bendito es el fruto
de tu vientre: Jesús. Santa
María, Madre de Dios, ruega por nosotros, pecado-
res, ahora y en la hora de
nuestra muerte. Amén.

Gloria al Padre, al Hijo
y al Espíritu Santo.
Como era en el principio,
ahora y siempre, por los siglos de los siglos. Amén.

DÍA SEXTO

Cuando me voy de viajero, necesito verte Madre Santa primero, para que me des tu bendición para llegar a mi destino. Límpida señora protege mi camino permite que llegue salvo y no se me pierda el dinero. En el viaje ser buen compañero. Dame paciencia para manejar tranquilo y no ir veloz como torbellino. Dulce Lucero diamantino si he de ser yo el pasajero, ayúdame al que maneja hacerle el trayecto placentero, alumbra mi sendero con tu rayo divino, para que sea limpio y cristalino.

Padre Nuestro, que estás en el cielo, santificado sea tu nombre; venga a nosotros tu reino; hágase tu voluntad, en la tierra como en el cielo. Danos hoy nuestro pan de cada día; perdona nuestras ofensas, como también nosotros perdonamos a los que nos

ofenden; no nos dejes caer en la tentación, y líbranos del mal. Amén.

Dios te salve, María, llena eres de gracia, el Señor es contigo. Bendita tú eres entre todas las mujeres, y bendito es el fruto de tu vientre: Jesús. Santa María, Madre de Dios, ruega por nosotros, pecadores, ahora y en la hora de nuestra muerte. Amén.

Gloria al Padre, al Hijo y al Espíritu Santo. Como era en el principio, ahora y siempre, por los siglos de los siglos. Amén.

DÍA SÉPTIMO

Amorosa Virgen de Guadalupe tierna rosa de la llanura, ven a verme con premura. Deseo iniciar una nueva relación y vengo a pedirte con el corazón, me des espíritu de servicio y aceptación y de verdadera entrega pura. Dame tu bendición para que esto no sea una aventura y tenga frutos en una etapa futura. Ayúdame a lograr una firme convicción, que no me haga dudar en esta importante decisión. Ante una nueva persona tener una actitud madura, dar y recibir el afecto y cariño que perdura.

Padre Nuestro, que estás en el cielo, santificado sea tu nombre; venga a nosotros tu reino; hágase tu voluntad, en la tierra como en el cielo. Danos hoy nuestro pan de cada día; perdona nuestras ofensas, como también nosotros

perdonamos a los que nos ofenden; no nos dejes caer en la tentación, y líbranos del mal. Amén.

Dios te salve, María, llena eres de gracia, el Señor es contigo. Bendita tú eres entre todas las mujeres, y bendito es el fruto de tu vientre: Jesús. Santa María, Madre de Dios, ruega por nosotros, pecadores, ahora y en la hora de nuestra muerte. Amén.

Gloria al Padre, al Hijo y al Espíritu Santo. Como era en el principio, ahora y siempre, por los siglos de los siglos. Amén.

DÍA OCTAVO

Omnipotente Flor de alhelí gracias por permitirme estar contigo. Eternamente seré tu amigo. Te suplico Señora de mi alma protejas mi trabajo, colócale un caparazón como al escarabajo. Que sea para mí un disfrute y no lo vea como castigo. Mantenerlo es importante porque me da sustento y abrigo. Señora que nunca me falte y para ser puntual dame siempre un atajo. Procúrame el impulso para hacerlo con dedicación y no con desparpajo. Señora de mil amores permanece siempre conmigo, con tu amor, dulce pan de trigo.

Padre Nuestro, que estás en el cielo, santificado sea tu nombre; venga a nosotros tu reino; hágase tu voluntad, en la tierra como en el cielo. Danos hoy nuestro pan de cada día; perdona nuestras ofensas,

22

como también nosotros perdonamos a los que nos ofenden; no nos dejes caer en la tentación, y líbranos del mal. Amén.

Dios te salve, María, llena eres de gracia, el Señor es contigo. Bendita tú eres entre todas las mujeres, y bendito es el fruto de tu vientre: Jesús. Santa María, Madre de Dios, ruega por nosotros, pecadores, ahora y en la hora de nuestra muerte. Amén.

Gloria al Padre, al Hijo y al Espíritu Santo. Como era en el principio, ahora y siempre, por los siglos de los siglos. Amén.

DÍA NOVENO

Envuélveme con tu celestial manto y llena mi casa con tu encanto. Madre poderosa, linda y piadosa, protégeme con tu fuerza grandiosa. Te entrego esta novena para rezarte en tu altar sacrosanto, para pedirte me des tu bendición de dulce amaranto. Reverenciada Madre de Dios perfecta y misteriosa, despliega en mí tu bondad maravillosa. Convierte en oportunidades los retos que día a día enfrento. Llena mi corazón de contento, permite que lo que emprenda sea un éxito con tu magia poderosa. Divina Rosa deliciosa. Mujer llena de gracia y candor te llevo en el pensamiento.

Padre Nuestro, que estás en el cielo, santificado sea tu nombre; venga a nosotros tu reino; hágase tu voluntad, en la tierra como en el cielo. Danos hoy nuestro pan de cada día;

perdona nuestras ofensas, como también nosotros perdonamos a los que nos ofenden; no nos dejes caer en la tentación, y líbranos del mal. Amén.

Dios te salve, María, llena eres de gracia, el Señor es contigo. Bendita tú eres entre todas las mujeres, y bendito es el fruto de tu vientre: Jesús. Santa María, Madre de Dios, ruega por nosotros, pecadores, ahora y en la hora de nuestra muerte. Amén.

Gloria al Padre, al Hijo y al Espíritu Santo. Como era en el principio, ahora y siempre, por los siglos de los siglos. Amén.

ORACIÓN FINAL

Divina Virgen de Guadalupe por medio de esta novena te pido me regales un poco de atención, des a mi espíritu liberación, para realizar mis empresas con seguridad, no permitas que se presente ninguna contrariedad. Dame fortaleza y paciencia para cualquier acción. Madre adorada dame tu dirección, con tu agua bendita lo que espero se haga realidad. Madre tu poder es grande, todo el que a ti se acerca encuentra la verdad. Divina Señora en razas ni colores haces distinción, por eso te adoro con gran devoción.

Padre Nuestro, que estás en el cielo, santificado sea tu nombre; venga a nosotros tu reino; hágase tu voluntad, en la tierra como en el cielo. Danos hoy nuestro pan de cada día; perdona nuestras ofensas,

26

como también nosotros perdonamos a los que nos ofenden; no nos dejes caer en la tentación, y líbranos del mal. Amén.

Dios te salve, María, llena eres de gracia, el Señor es contigo. Bendita tú eres entre todas las mujeres, y bendito es el fruto de tu vientre: Jesús. Santa María, Madre de Dios, ruega por nosotros, pecadores, ahora y en la hora de nuestra muerte. Amén.

Gloria al Padre, al Hijo y al Espíritu Santo. Como era en el principio, ahora y siempre, por los siglos de los siglos. Amén.

Papá Dios: que tu sabiduría nos guíe; que tu luz ilumine nuestro camino; que tu amor nos de paz; que tu poder nos proteja, y que por donde quiera que caminemos, tu presencia nos acompañe. Gracias Papá Dios que ya nos oíste. Amén.